GILBERT DELAHAYE
MARCEL MARLIER

Ayşegül
Okulda Bir Gün

YKY
YAPI KREDİ YAYINLARI

O pazartesi sabahı okulun
bahçesi öğrencilerle dolu, cıvıl cıvıldı.

"Hafta sonu upuzun bir bisiklet turu yaptık."

"Ben evdeydim. Babam televizyon seyrederken biz de büyükannemin
eski giysilerini giyip oyun oynadık."

Ayşegül, Selin'e "Sepetinde ne olduğuna bakabilir miyim?" dedi.

"Lunaparkta kazandığım beyaz fare var."

"Gerçekten mi?"

Ayşegül, arkadaşına başka soru sormaya fırsat bulamadan, öğretmen,
geç kalanları sınıfa çağırdı.

Paltolarını askılara astılar, eşyalarını dolaplara yerleştirdiler.

Selin "Faremi dolabın üstüne saklayacağım" dedi.

"Evde bıraksan daha iyi olurdu. Burada kızarlar."

"Kedimin yüzünden bırakamıyorum. Ama bu akşam kuzenim Nedim'e götüreceğim."

Ayşegül, yeni öğrenciye "Yeni arkadaş sen misin?" diye sordu.

"Evet. Adım Candan… Daha her yeri öğrenemedim…"

"Bizim sınıf, koridorun sonundaki. Öğretmenimiz çok tatlı. Göreceksin zaten… Gel, beraber gidelim. Sana yardım ederim."

3

Yeni öğrenciyle birlikte sınıfa girince "Bu arkadaşımızın adı Candan" dedi Ayşegül.

Sınıfta bir şenlik havası vardı. Öğretmen birkaç gün önce geleceğini haber verdiğinden beri herkes sabırsızlıkla Candan'ı bekliyordu zaten.

Fehmi, Lâle'nin kulağına "Hintli'ymiş" diye fısıldadı.

"Sen nereden biliyorsun?"

"Belli oluyor! Hem öğretmen de geçen gün söylemişti. Dinlememişsin işte!"

Öğretmen Candan'a "İşte yeni sınıf arkadaşların" dedi, "Ayşegül, Selin, Fehmi, Lâle... Bütün sınıf!"

"Candan benim yanıma otursun mu öğretmenim?"

"Olur. Ama okulu da sen tanıtacaksın... Haydi artık herkes yerine! İlk dersimiz coğrafya, dünyayı tanımaya devam edeceğiz. Hindistan'ın yerini kim biliyor bakalım?"

"Hindistan, Asya'dadır öğretmenim."

"Dünya haritasında gösterebilir misin?"

"Şurada. Birmanya'nın yanında."

Ayşegül "Hindistan uzak mı?" diye sordu.

"Hem de çok! Uçakla gidiliyor."

Okulun yakınlarında bir çocuk kütüphanesi vardı. Öğretmen, öğrencilerini belirli aralıklarla götürürdü. Kütüphanede insanın canı hiç sıkılmazdı. Okuma salonu çizgi romanlar, romanlar, bilim kitapları ve dergilerle doluydu. Hepsi numaralandırılmış, kayıt altına alınmış, raflara yerleştirilmişti.

Kütüphaneye girerken görevliye başvurarak kayıt yaptırılıyordu.

"Herkes aynı anda giremez çocuklar, sırayla!"

Ayşegül, elinde olsa, kütüphanedeki bütün kitapları almak isterdi.

"Bak, bu çok güzel. Bu ansiklopedi de."

"Ben onu okudum. Sen de mutlaka beğenirsin."

Ders arasında bütün öğrenciler bahçede buluşuyordu.

Aaa, küçük öğrencilerden biri ağlıyor!

"Ne oldu sana? Düştün mü?"

"Yemek fişimi kaybettim. Yemekhanede öğle yemeği yiyemeyeceğim."

"Üzülme, bulursun. Görürsün bak.

Sana ne oldu Serdar? Başın mı ağrıyor?"

"Hep üşüyorum. Onun için şapkamı hiç çıkarmıyorum."

"O zaman koş, arkadaşlarınla oyna, ısınırsın. Derslere oyun oynayın diye ara veriliyor!"

Candan "Koş Ayşegül, sen de çembere katıl!" diye seslendi.

"Fehmi, Ahmet, Selin! Verin ellerinizi! El ele tutuşup tırtıl gibi köprünün altından geçeceğiz!"

Ders arası bitti! Öğretmen, çocuklara yapmaları gerekenleri açıklamaya başladı:

"Gazete yöneticisine mektup yazıp basımevlerini gezebilmek için izin isteyeceğiz."

"Sizce cevap verir mi?"

"Gazetenin basıldığı yeri göreceğiz?"

"İsteğinizi dile getirme şeklinize bağlı. Tam olarak ne istediğinizi açık açık anlatmanız gerekiyor. Bu, mektubumuzun konusu olacak. Bitirirken de nezaket cümleleri kullanmayı unutmayın. Gruplar halinde mektup taslakları hazırlayacağız. Herkes bitirince de en başarılısını seçeceğiz. Anlaşıldı mı?"

Mektup yazmak hiç de o kadar kolay değildi. Fehmi'yle Neslihan, akıllarına pek çok fikir geldiği halde sözcük seçimi konusunda bir türlü anlaşamıyordu.

"Asma suratını Fehmi" dedi öğretmen, "Herkes somurtursa birlikte çalışamayız."

Taslaklara bakıyor, hatalı cümleleri düzeltiyordu. Tamamlanan taslakların temize çekilmesi gerekiyordu. Yazısı çok güzel olduğu için bu işi Neslihan yapacaktı. Sonra da geriye yalnızca zarfın üzerine adres yazmak kalacaktı. Posta kodunu unutmadan tabii.

Okulda matematik, coğrafya, Türkçe derslerinin yanında el işi, tiyatro ve haftada iki kere de beden eğitimi dersi yapılıyordu.

"Topu yakala Ayşegül! Hayır, öyle değil, iki elinle tutacaksın! Üzülme, biraz çalışırsan başarırsın."

"Haydi bakalım, sıradaki! Bu hareketi yapmak için esnek olmak gerekiyor."

Emir o hafta beden eğitimi dersine giremiyordu çünkü kolu kırılmıştı. Zavallıcığa motosiklet çarpmıştı!

Öğle olunca yemekhanede yemek yeniyordu. Herkes tepsisini alıp yemek dağıtılan tezgâhın karşısına geçiyordu. Buradan da tabak, çatal, kaşık, bıçak, ekmek, su bardağı alınıyordu. Meyve suyu pipetini de unutmamak gerekir.

"Yeni arkadaş mı edindin?"

"Adı Candan" diye cevap verdi Ayşegül.

"Senin yemek fişin ne oldu Burak, bulabildin mi?"

"Evet, çantamdaymış."

"O çocuğa ne olmuş?"

"Kolu kırılmış. Etini tek başına kesemiyor."

O gün öğleden sonra sınıfta herkes heyecanlıydı.

Küçüklerle büyükler toplu resim dersi için bir araya gelmişti.

"Önce dün öğrendiğimiz şiir üzerinde çalışacağız" dedi öğretmen.

"Sonra da şiiri resimle anlatacağız. Şiirden ne anladığını kim anlatmak ister?"

Ayşegül "Ben anlatmak istiyorum" dedi.

"Çok güzel. Haydi bakalım, seni dinliyoruz."

"Şiir, ölü yaprağın cenazesine giden iki salyangozun hikâyesini anlatıyor. Sonbaharda başlıyor. Yağmur yağıyor. Rüzgâr uğulduyor. Meyve bahçesindeki ağaçların hepsi yaslı."

"Sonra ne oluyor?"

"Salyangozlar şehre gitmek için otobüse biniyor."

"Şehir otobüsü... Çok güzel!"

"Geç kalıyorlar. Yol çok uzun... Ulaştıklarında ilkbahar gelmiş oluyor... Evet, ilkbahar geliyor!"

"Peki ya sonra, salyangozlar?"

"Sonra, ölü yaprakların hepsi yeniden canlanıyor! Güneş, salyangozları dinlenmeye davet ediyor. Ormandaki, tarlalardaki arkadaşlarıyla yiyip içiyorlar. Herkes eğleniyor."

İki salyangozun hikâyesi de böylece bitiyor. Haydi artık resim yapmaya başlayalım. Meyve bahçesini, ağaçları, hayvanları boyamakta kullanacağımız boyalar neredeymiş bakalım... Sakın üstünüzü başınızı boyamayın!

Amatör sanatçılar, kendilerine plastik poşetlerden önlükler yaptılar. Böylece giysileri kirlenmeyecekti.

Küçük bir kız tuhaf hayvanlar çizdi. Salyangozların antenleri lâleye benziyordu! Candan, salyangozların bindiği otobüsün resmini yaptı. Otobüs sapsarıydı. Yokuş yukarı gittiği için pek hızlı ilerleyemiyordu.

Fehmi, bir broşürden resim kesti. Kırmızı çatılı bir evle çevresindeki meyve ağaçlarının resmi. Ağaçların yaprakları dökülmüştü; sarılar, kızıllar, kahverengiler yerlerde...

Ayşegül çiçeklerle kuşlar yüzünden ilkbaharı daha çok seviyordu.

"Resimlerimizi eve götürebilir miyiz öğretmenim?"

"Ben de resmimi anneme göstermek istiyorum."

"Tabii çocuklar! Önce sınıfa asacağız, sonra isteyen evine götürebilir."

"Kartonları toparlayıp suluboya fırçalarını temizledikten sonra yerlerine yerleştirin. Dışarıda güzel bir hava var. Bu fırsatı değerlendirerek nehre ineceğiz. Kıyıda neler olduğunu gözlemlerken defterlerinize notlar alacaksınız.

Fehmi "Dikenli balıklardan da tutabilir miyiz öğretmenim?" diye sordu.

Burak da hemen atıldı: "Kurbağa da avlayalım mı? Geçen gün sazlıkların orada gördüm. Misket gibi gözleri vardı. Baloncuklar yapıp kaçmak için suya dalıyorlardı. Cup diye!"

"Ama yakaladıklarımızı yine suya koymak gerekir. Yoksa bir daha ne yumurta olur ne de kurbağa" dedi öğretmen.

"Kurbağa yavrusu iribaş bulsak keşke... Okula götürüp akvaryuma koyardık. Büyüdüklerinde de nehre bırakırdık. İribaşlar çok komik oluyor. Zikzak çizerek ilerliyor, jet gibi gidiyorlar. Hiç rahat durmuyorlar!"

Öğretmen "Akvaryumu kim temizleyecek peki? Kim düzenli olarak suyunu değiştirecek? Kimse yapmazsa iribaşlar oksijensiz kalıp ölür" dedi.

Ayşegül "Ne gerekiyorsa yaparız, söz!" dedi.

Zil çaldı. Ders bitmişti.

Çocuklar alelacele eşyalarını topladı.

Hiçbir şeyi unutmamak gerekiyordu. Özellikle de defterleri. Yoksa evde ödevlerini yapamazlardı. Unutkanların dikkatine!

En aceleciler çoktan okuldan çıkmıştı bile. Okulun önünde dizi dizi arabalarıyla anneleri ve babaları bekliyordu.

Candan'ın annesi "Eee, ilk günün nasıl geçti bakalım?" diye sordu.

"Bak anne, bu Ayşegül, yeni arkadaşım" diye cevap verdi Candan.

Öğrencilerin bazıları servisleri bekliyordu. Okul koridorlarına çantalar yığılıyordu.

Selin, içinde beyaz faresinin olduğu sepeti aldı.

"Nedim fareme bakmayı kabul etse keşke... Tabii elinden kaçırmamak şartıyla!"

"Otobüs geldi!" Şoför, öğrencileri otobüse bindirirken Ayşegül de bisikletine biniyordu. Gitmeden önce Candan'a seslendi: "İyi akşamlar! Yarın görüşürüz!"

Çok mutluydu, çünkü yeni arkadaşı çok tatlıydı.

"Görüşürüz Ayşegül! Mektubu postalamayı unutma sakın!" Okulda, gazetenin yöneticisine yazdıkları mektuptan söz ediyordu...

Yapı Kredi Yayınları - 3374
Doğan Kardeş - 323

Ayşegül - Okulda Bir Gün
Gilbert Delahaye - Marcel Marlier
Özgün adı: Martine - à l'école
Çeviren: Füsun Önen

Kitap editörü: Korkut Erdur
Düzelti: Filiz Özkan

Grafik uygulama: Arzu Yaraş

Baskı: Promat Basım Yayım San. ve Tic. A.Ş.
Orhangazi Mahallesi, 1673. Sokak, No: 34 Esenyurt / İstanbul
Sertifika No: 12039

1. baskı: İstanbul, Haziran 2011
4. baskı: İstanbul, Nisan 2018
ISBN 978-975-08-2032-8

© Yapı Kredi Kültür Sanat Yayıncılık Ticaret ve Sanayi A.Ş., 2016
Sertifika No: 12334
© Casterman
Bu kitabın telif hakları Kalem Telif Hakları Ajansı aracılığıyla alınmıştır.

Yapı Kredi Kültür Sanat Yayıncılık Ticaret ve Sanayi A.Ş.
İstiklal Caddesi No: 161 Beyoğlu 34433 İstanbul
Telefon: (0212) 252 47 00 Faks: (0212) 293 07 23
http://www.ykykultur.com.tr
e-posta: ykykultur@ykykultur.com.tr
İnternet satış adresi: http://alisveris.yapikredi.com.tr

Yapı Kredi Kültür Sanat Yayıncılık
PEN International Publishers Circle üyesidir.